Margret Häckl

Mein Herz glaubt immer noch an Wunder

LILIOM Verlag

Margret Häckl: Mein Herz glaubt immer noch an Wunder
Einleitung und Fotos: Karl Krantz

© LILIOM Verlag 2008 / Alle Rechte vorbehalten

ISBN 3-934785-35-2

Vorwort

Erst spät hat MARGRET HÄCKL angefangen zu malen. Ein langer Weg durch verschiedene Lebensphasen, persönliche Erfahrungen, insbesondere die Sorge um Familienmitglieder und deren Pflege, führten sie dazu, sich künstlerisch zu betätigen. Hier fand sie einen Ausgleich von den Pflichten des Alltags, konnte abschalten und all das verarbeiten, was sie innerlich bewegte.

Für mich ist MARGRET HÄCKL die Malerin, die mit dem Herzen malt. Spontan, aus einer Situation oder Laune heraus, greift sie zum Pinsel, ohne zu wissen, was letztlich dabei herauskommt. Sie hat kein vorgegebenes Konzept, keinen Plan, sondern folgt ihren Gefühlen und der Eingebung des Augenblicks. Rose und Herz, ihre Lieblingsmotive, regen immer wieder zum Nachdenken an. Stimmungen und Gefühle spielen bei ihrer Arbeit eine dominierende Rolle. Manches Motiv gibt auch Rätsel auf. Das entspricht ihrem Naturell.

Als echtes Kind ihrer oberbayerischen Heimat, eng verbunden mit der Natur, den Menschen und ihrem Brauchtum, weiß sie, wo ihre Wurzeln sind. Gleichzeitig ist sie allem Neuen gegenüber aufgeschlossen, dabei aber nicht unkritisch. Sie beschäftigt sich eingehend mit Fragen der Religion, der Liebe, der Spiritualität und dem Sinn des Lebens. Daß sie eine Ausbildung zur Reiki-Meisterin gemacht hat, kommt nicht von ungefähr und paßt in dieses Raster und zu ihrem Lebensmotto: *„Was auch immer geschieht, nichts geschieht zufällig."*

MARGRET HÄCKL ist von Natur aus ein fröhlicher Mensch, mit einer ansteckend positiven Lebenseinstellung. Andererseits kann sie aber auch sehr ernst und nachdenklich werden. Vor allem, wenn sie sich mit Leiden, Schuld und Sterben beschäftigt. Wer sie näher kennt, weiß, daß sie in der Lage ist, von tiefgründigen oder gar sentimentalen Gedanken urplötzlich umzuschalten und ihre Mitmenschen mit einem unerwarteten Heiterkeitsausbruch oder gar „heiligem Zorn" zu überraschen.

Das und noch viel mehr macht sie so interessant und liebenswert, und dies alles schlägt sich letztlich auch in ihren Bildern nieder.

Karl Krantz
Weimar (Lahn), Juli 2007

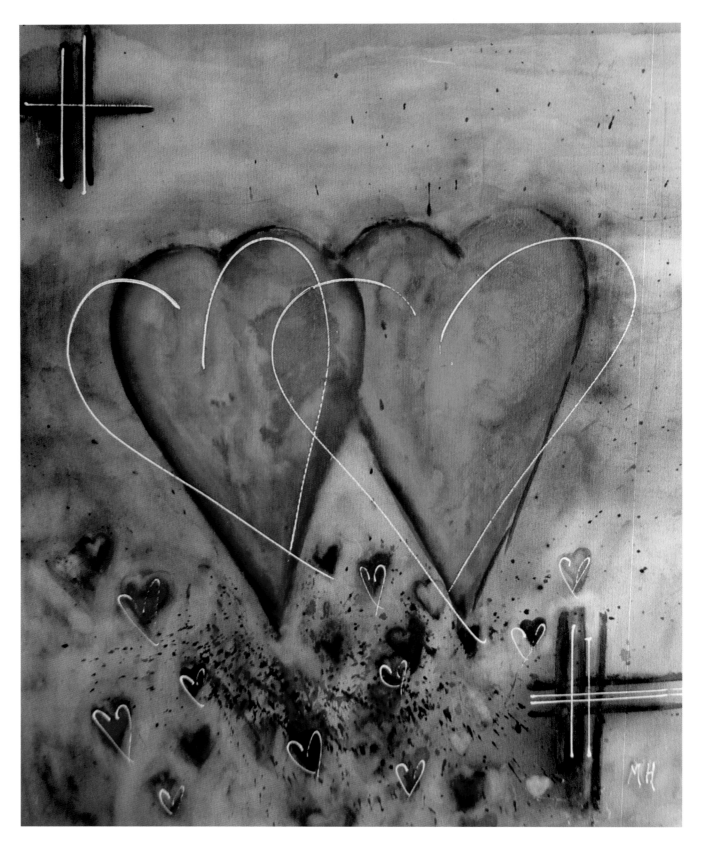

Liebe ist...

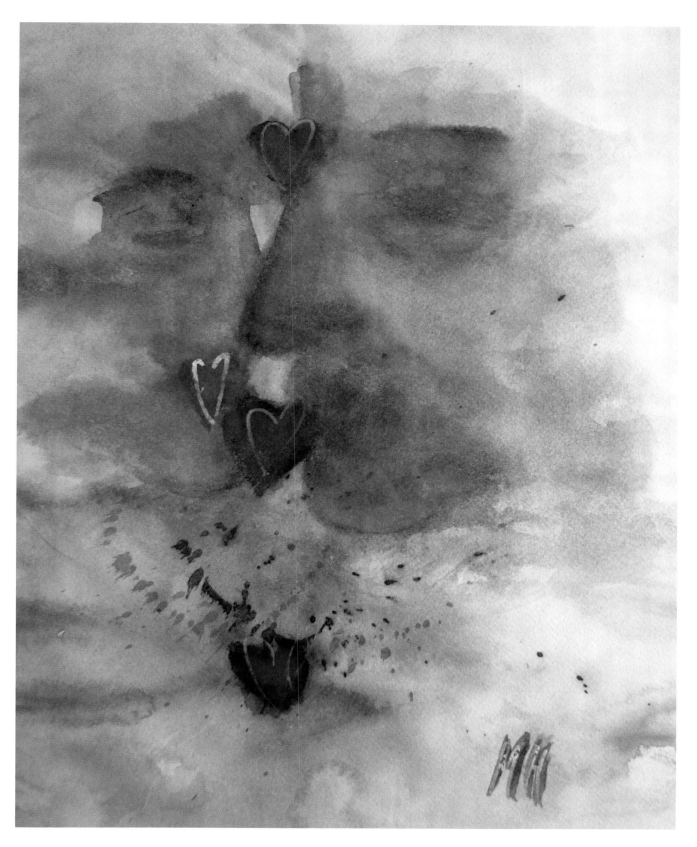

...unsterblich

Was wir wissen,
ist ein Tropfen.
Was wir nicht wissen,
ein Ozean.

Was wir wissen
ist ein Tropfen;

Was wir nicht wissen
ein Ozean

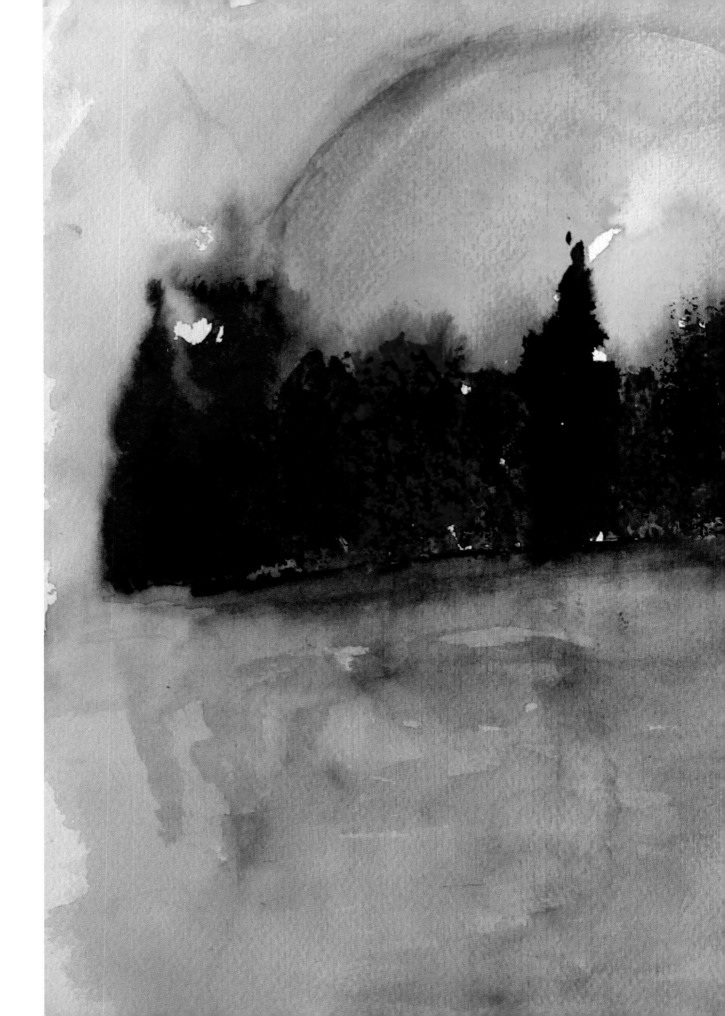

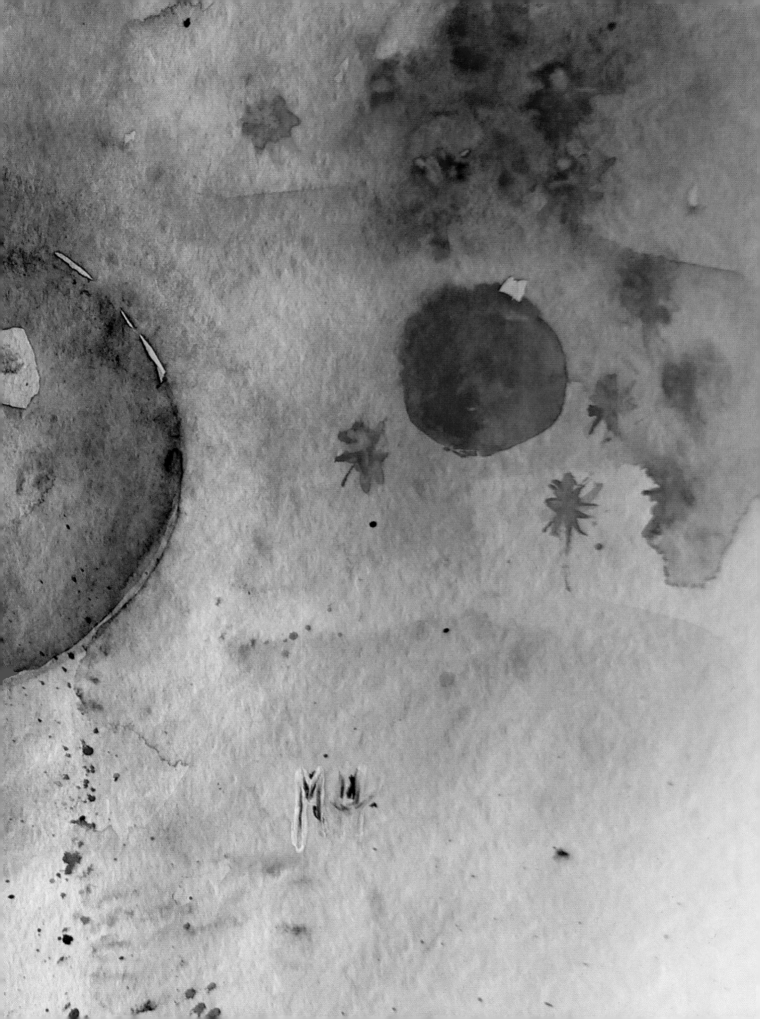

*Viel Kälte ist unter den Menschen, weil wir es nicht wagen,
uns so herzlich zu geben, wie wir sind.*

Albert Schweitzer

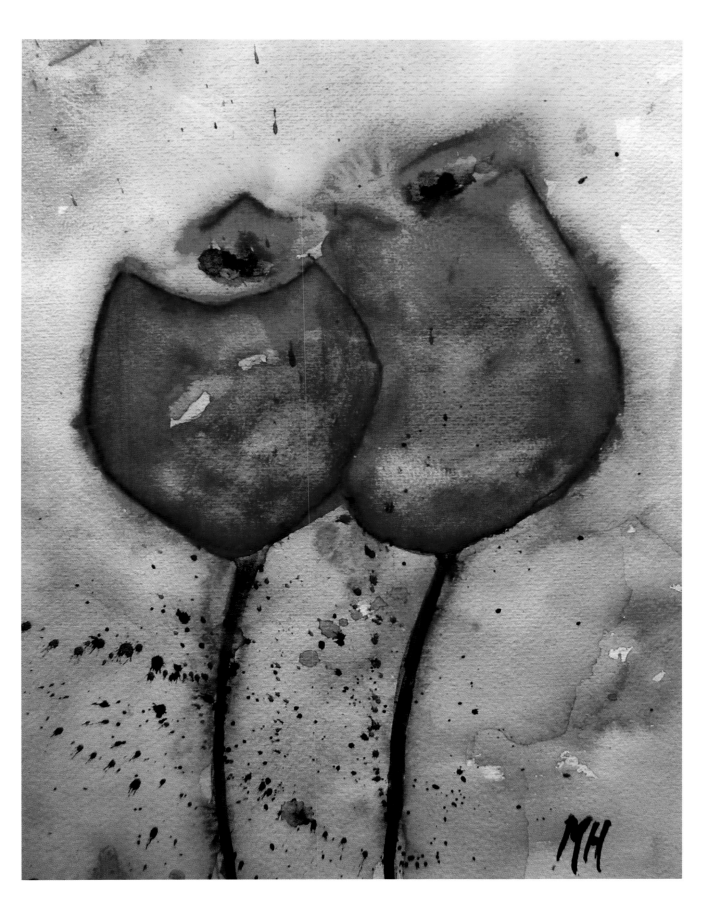

Leiden-schaft

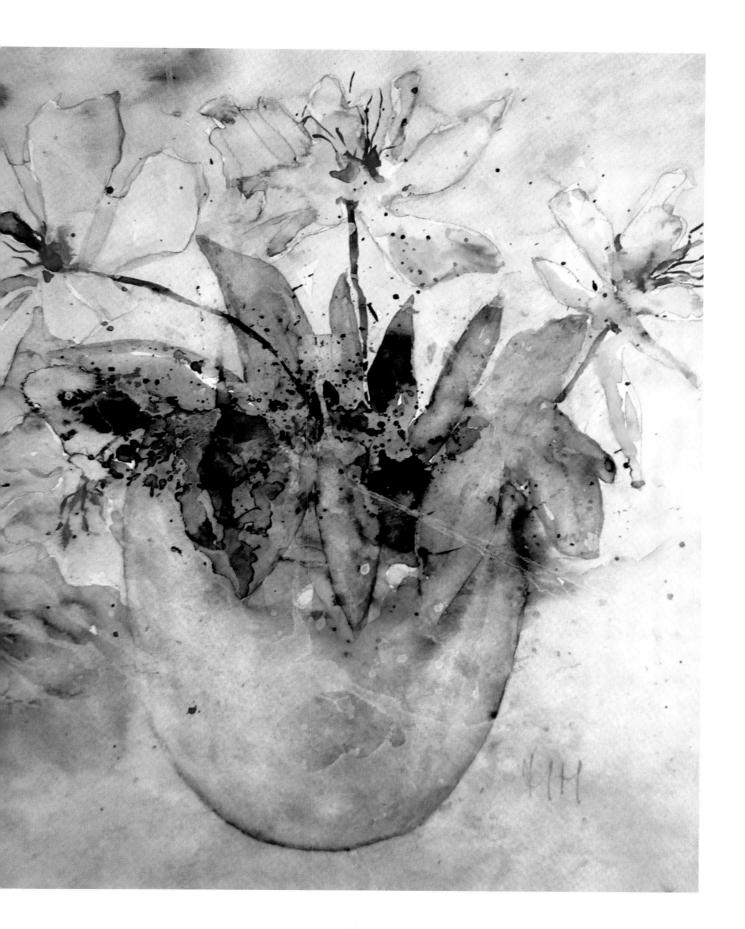

33

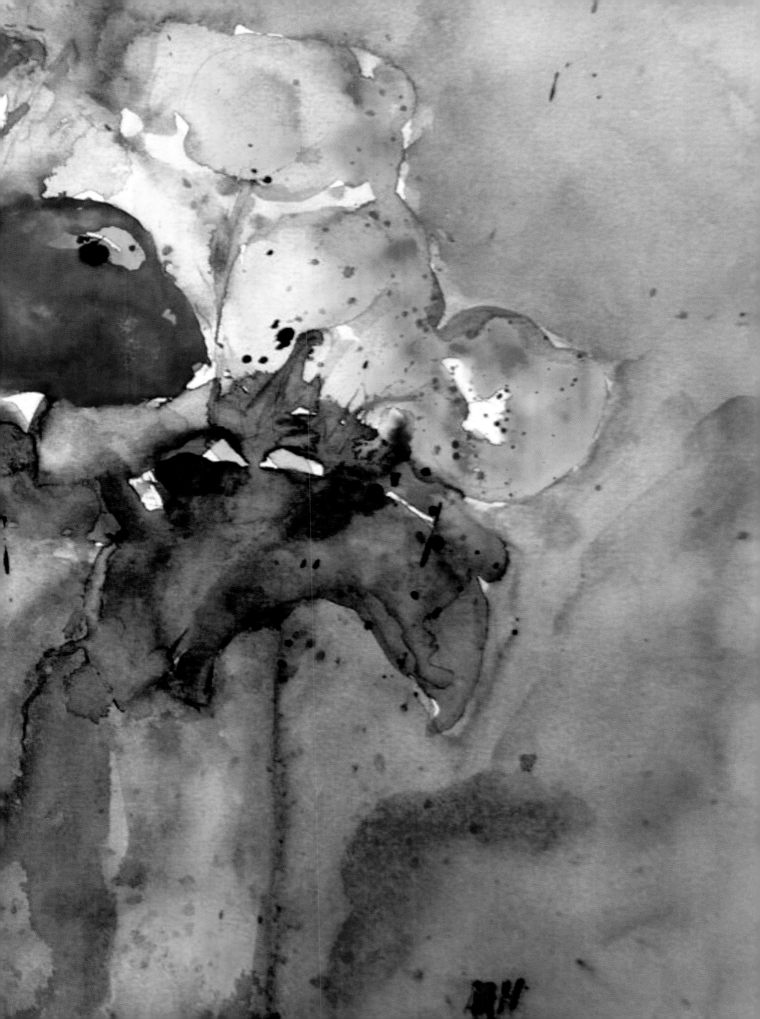

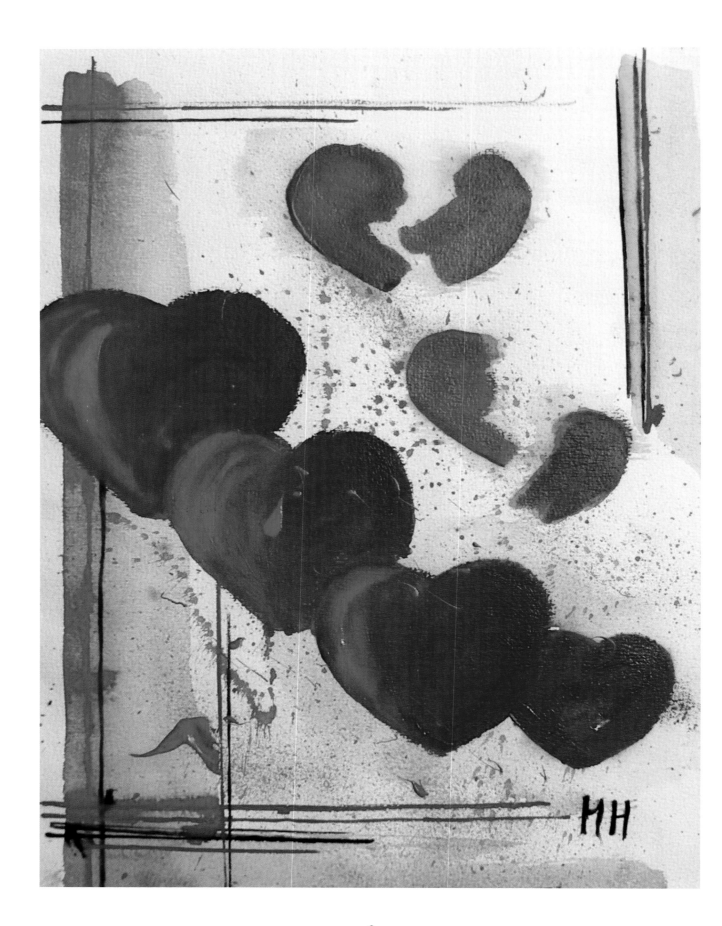

Wer nie Kummer hatte, wer nie Liebe spürte,
wer nie warten mußte, was weiß der vom Glück?

Welten

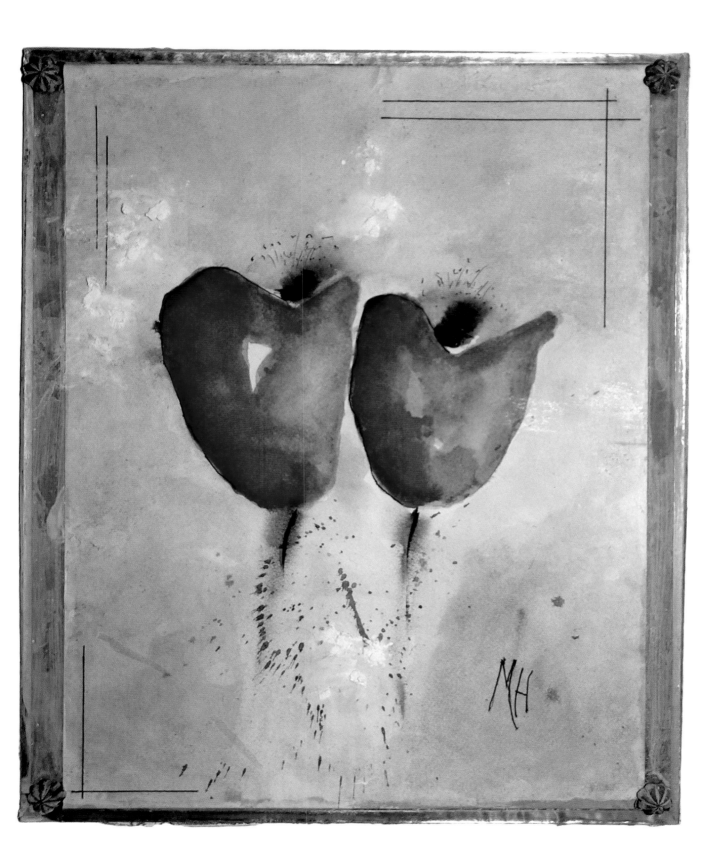

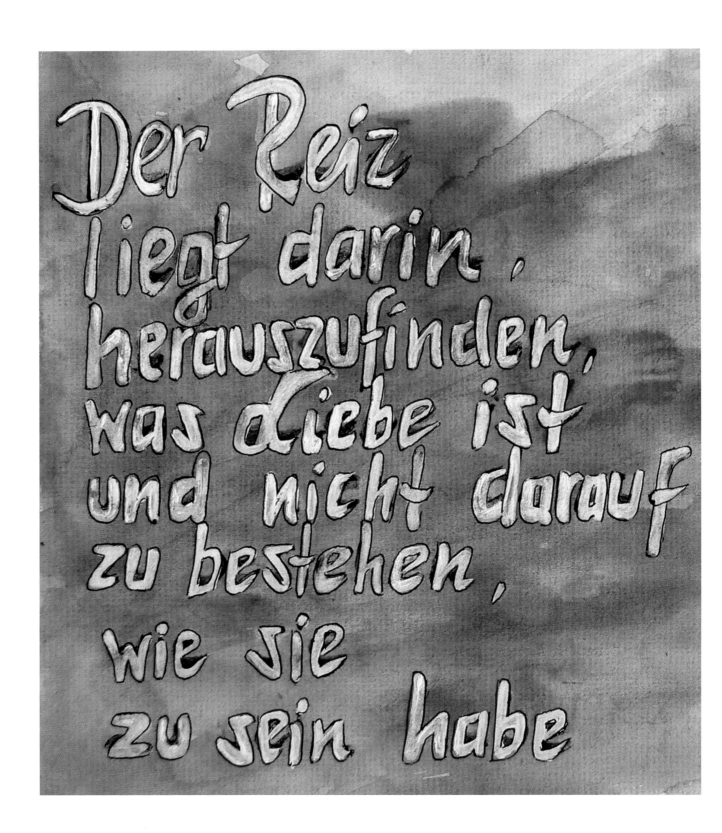

Der Reiz
liegt darin,
herauszufinden,
was Liebe ist
und nicht darauf
zu bestehen,
wie sie
zu sein habe

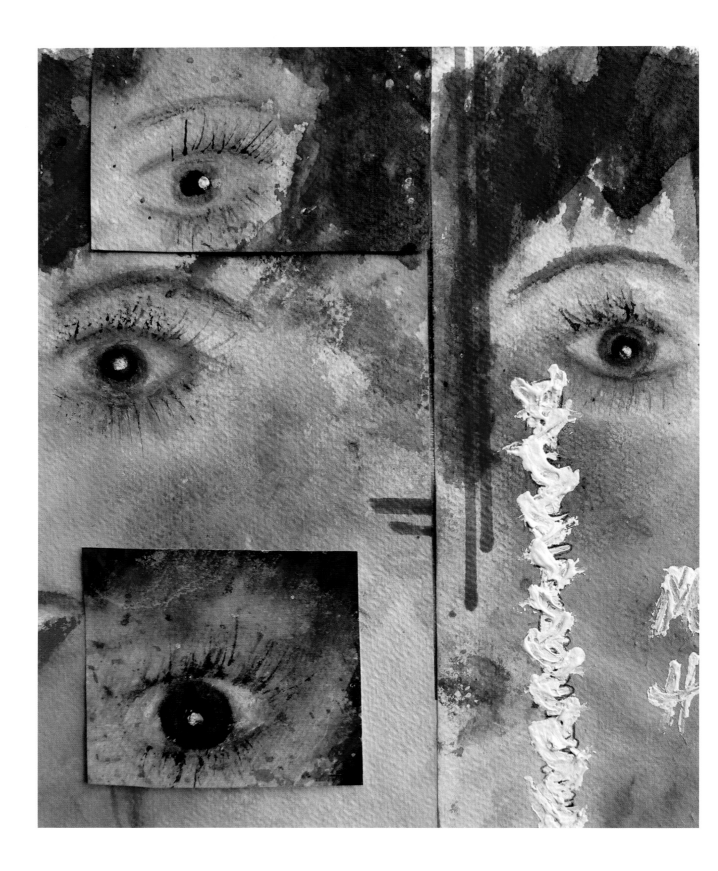

Dornröschenschlaf

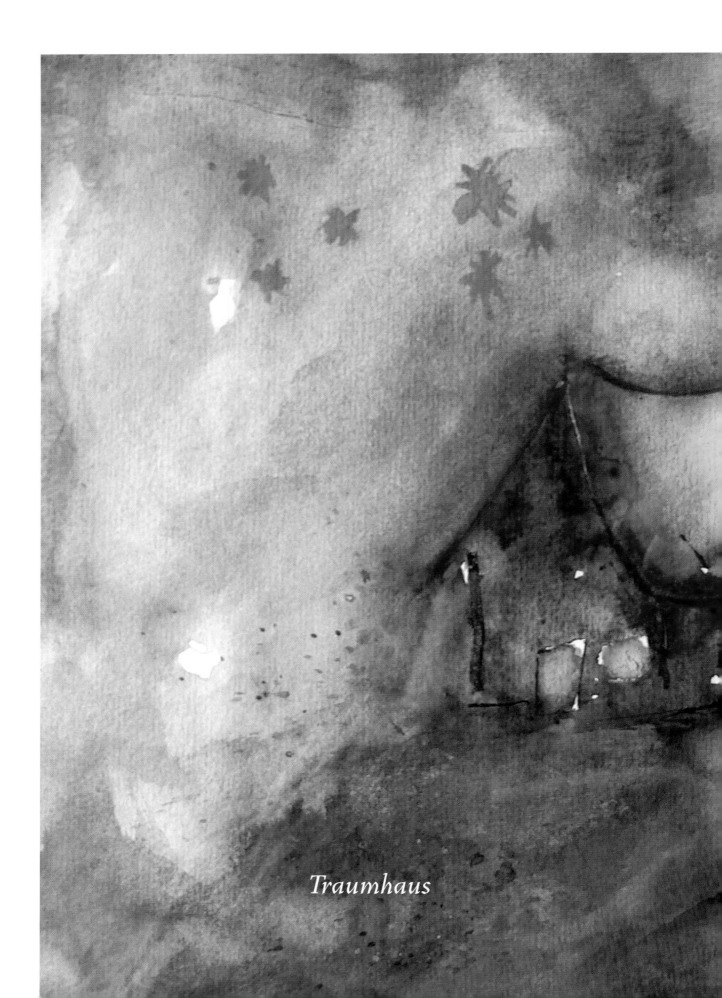

Traumhaus

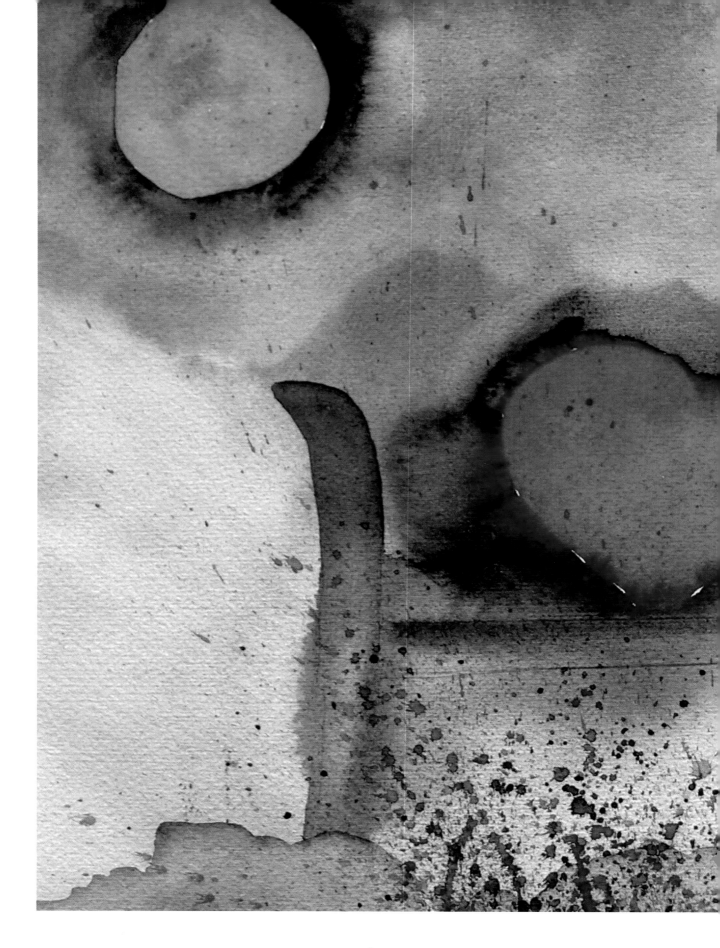

Im 7 Himmel

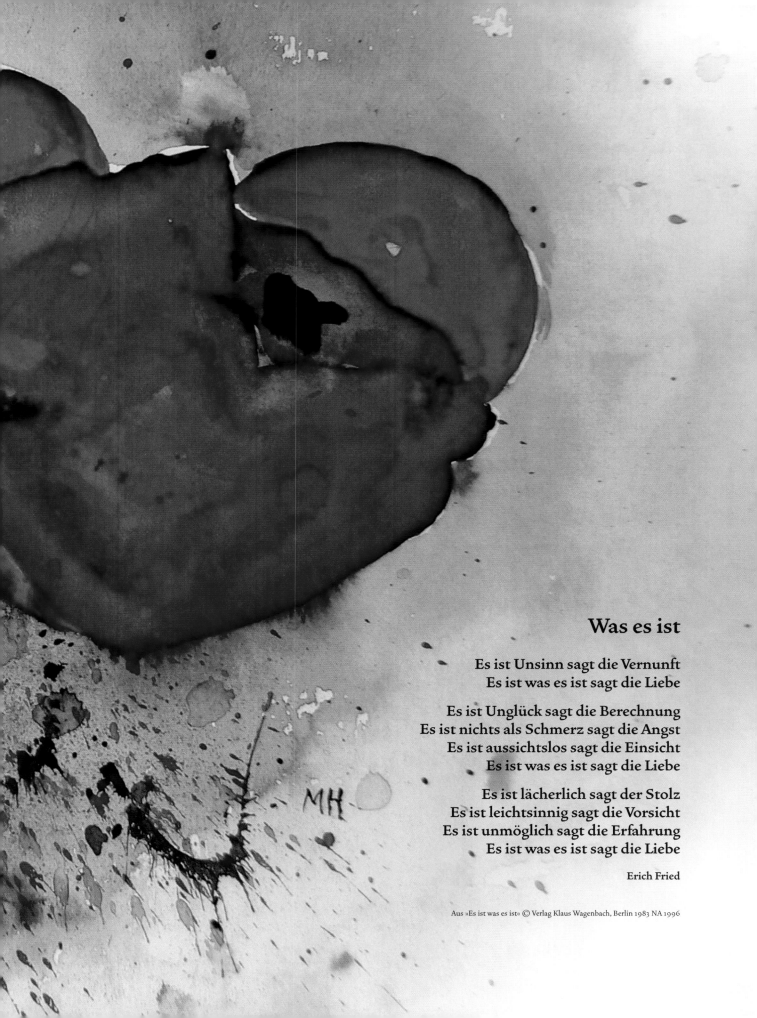

Was es ist

Es ist Unsinn sagt die Vernunft
Es ist was es ist sagt die Liebe

Es ist Unglück sagt die Berechnung
Es ist nichts als Schmerz sagt die Angst
Es ist aussichtslos sagt die Einsicht
Es ist was es ist sagt die Liebe

Es ist lächerlich sagt der Stolz
Es ist leichtsinnig sagt die Vorsicht
Es ist unmöglich sagt die Erfahrung
Es ist was es ist sagt die Liebe

Erich Fried

Unbekannte Sphären

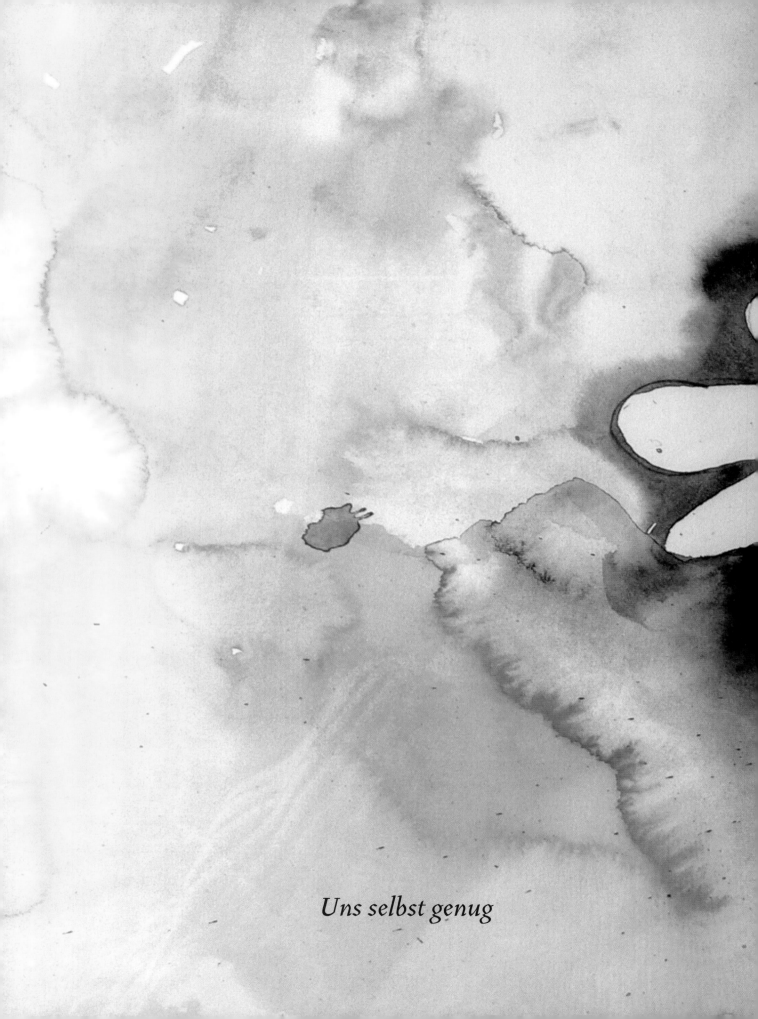

Uns selbst genug

Ich bat Gott, er möge mir meinen Stolz nehmen, und Gott sagte: „Nein“.
Er sagte, es sei nicht an ihm, mir den Stolz zu nehmen, sondern an mir,
meinen Stolz abzulegen.

Ich bat Gott, er möge mir Geduld schenken, und Gott sagte: „Nein“.
Er sagte, Geduld sei ein Nebenprodukt von Bedrängnis.
Geduld sei kein Geschenk, sondern ein Verdienst.

Ich bat Gott, er möge mir Glück gewähren, und Gott sagte: „Nein“.
Er sagte, er erteile Segen, und das mit dem Glück sei meine Sache.

Ich bat Gott, er möge mir Schmerzen ersparen, und Gott sagte: „Nein“.
Er sagte, Leiden lenke den Menschen
von weltlichen Interessen ab und bringe ihn ihm näher.

Ich bat Gott, er möge mir sagen, ob er mich liebe, und Gott sagte: „Ja“.
Ich bat Gott, er möge mir helfen, andere so zu lieben,
wie er mich liebt, und Gott sagte: „Jetzt hast du es endlich begriffen.“

Unbekannter Autor

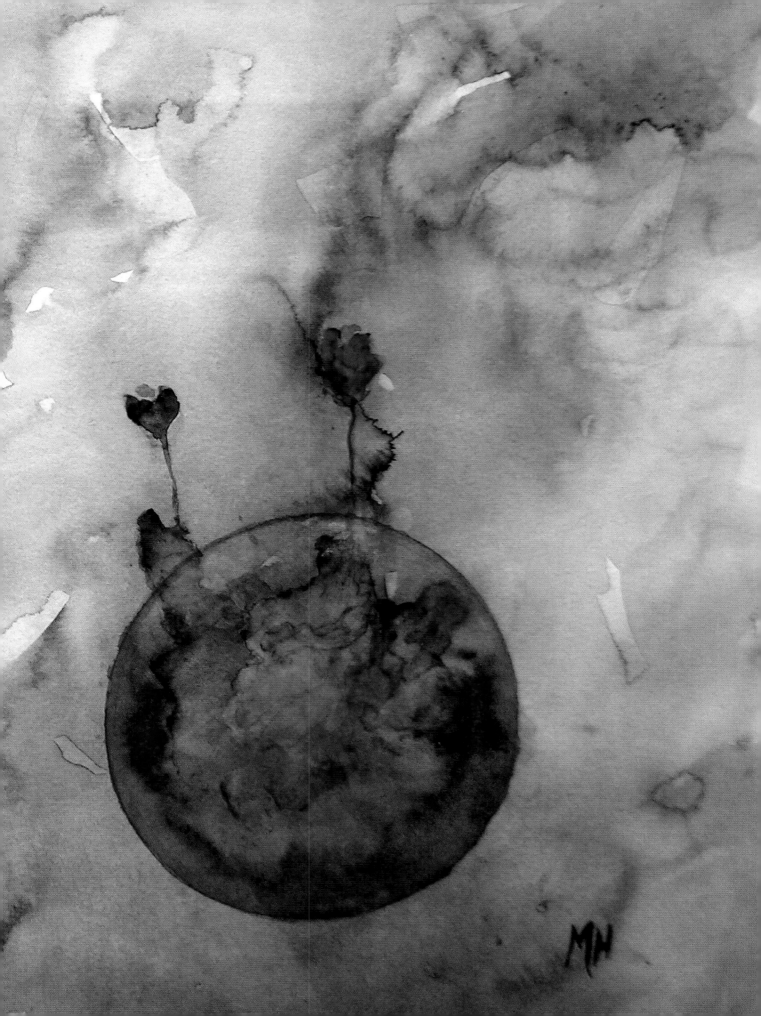

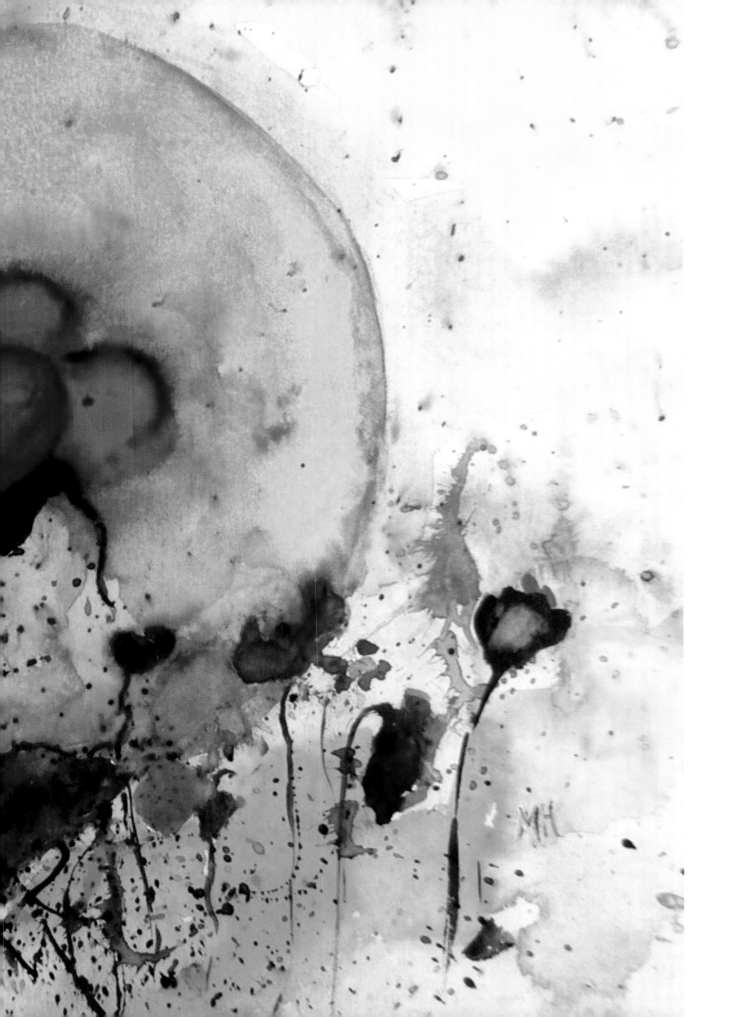

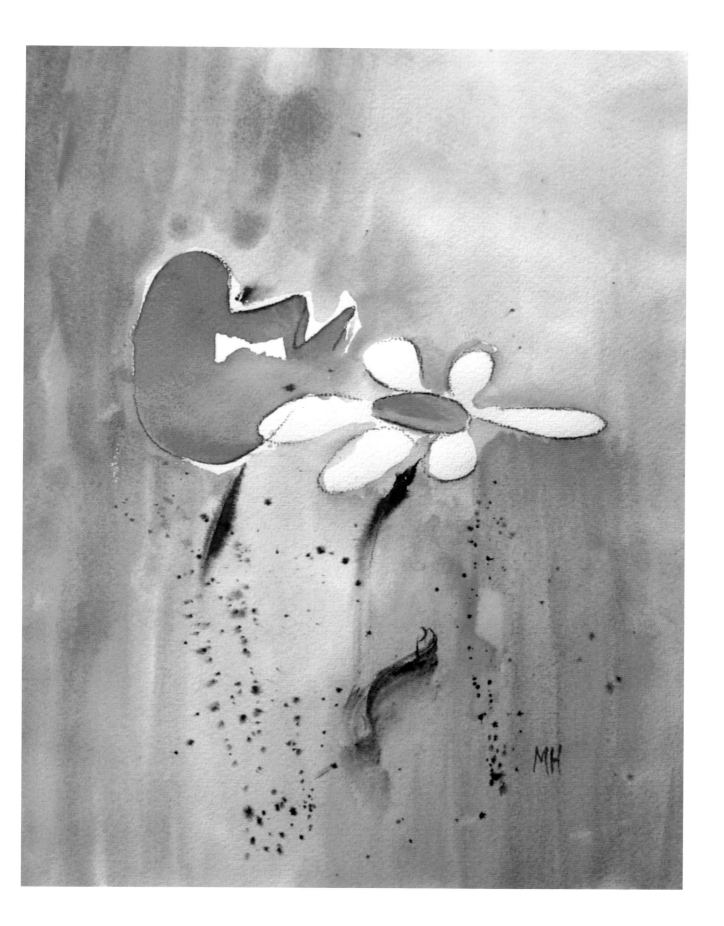

Auf den Punkt gebracht

Die Liebe
ist der Endzweck
der Weltgeschichte
und das
Amen
des Universums

Novalis